HİÇ BİTMEYEN ŞEY

ALTIN KİTAPLAR

Sally, Clara ve Alex'e ve bu hikâyenin ilham kaynağı Bethan'a – HD

Carol ve Peter Nash'e – AP

KİTABIN ORİJİNAL ADI YOU CAN NEVER RUN OUT OF LOVE

YAYIN HAKLARI METİN ©2017 HELEN DOCHERTY
RESİMLEYEN ©2017 ALI PYE
PUBLISHED BY ARRANGEMENT WITH
SIMON & SCHUSTER UK LTD 1ST FLOOR,
222 GRAY'S INN ROAD, LONDON,
WC1X 8HB
ALTIN KİTAPLAR YAYINEVİ VE TİCARET AŞ

BASKI ALTIN KİTAPLAR'DA
1. BASIM / TEMMUZ 2024 / İSTANBUL
Çin'de basılmıştır.

ISBN 978 - 975 - 21 - 2963 - 4

ALTIN KİTAPLAR YAYINEVİ
Gülbahar Mah. Altan Erbulak Sok. Maya Han Apt. No.: 14 Kat: 3
Şişli / İstanbul
Yayınevi Sertifika No.: 44011 • Tel: 0.212.446 38 86 pbx •
Faks: 0.212.446 38 90
http://www.altinkitaplar.com.tr • info@altinkitaplar.com.tr

HİÇ BİTMEYEN ŞEY

Helen Docherty ve Ali Pye

Türkçesi
Melike Hendek

Bir gün, üstelik canımın çılgınlar gibi kurabiye çektiği bir gün, pakette hiç kurabiye kalmadığını gördüm...
Bu sana da oldu mu hiç?

Bazen her şey hızlıca biter.
Mesela kurabiyeler.

Bazen enerjin bile bitebilir.

Öyle yorgun olursun ki kitabını okurken yataktan yavaaaşça aşağıya kayarsın.

Bitmesin diye her gün bir tane yediğin
çikolataların bile biter.

(Ya da birisi tarafından
bitirilir!)

Kirli çamaşırlar dağ gibi biriktiğinde

bazen bir tane bile temiz
çorap bulamazsın.

Bazense zamanın biter. Hiçbir şey için yeterince zamanın olmaz.

Bazen paran biter.

Bazen işler o kadar karışır ki sabrın tükenir.

AMA...

... bitmeyen, asla ama asla tükenmeyen bir şey var:

SEVGİ hiç ama hiç bitmez.

Minik kediciğin sütü bitebilir.

Markette hiç reçel kalmayabilir.

Bazen bezin biter...

... ve herkes sebepsiz (!) yere senden kaçar.

Bazen en çok ihtiyaç
duyduğun anda
yapıştırıcı biter.

Banyodayken şampuan biter.

Her şey için çok geç olduğunu
düşündüğünde

umudun biter.

Kötü bir günde hiç şansın olmayabilir. Şans da biter.

Bazen hiç fikir üretemez,

ne yapacağını bilemezsin. AMA...

... bitmeyen, asla ama asla tükenmeyen bir şey var:

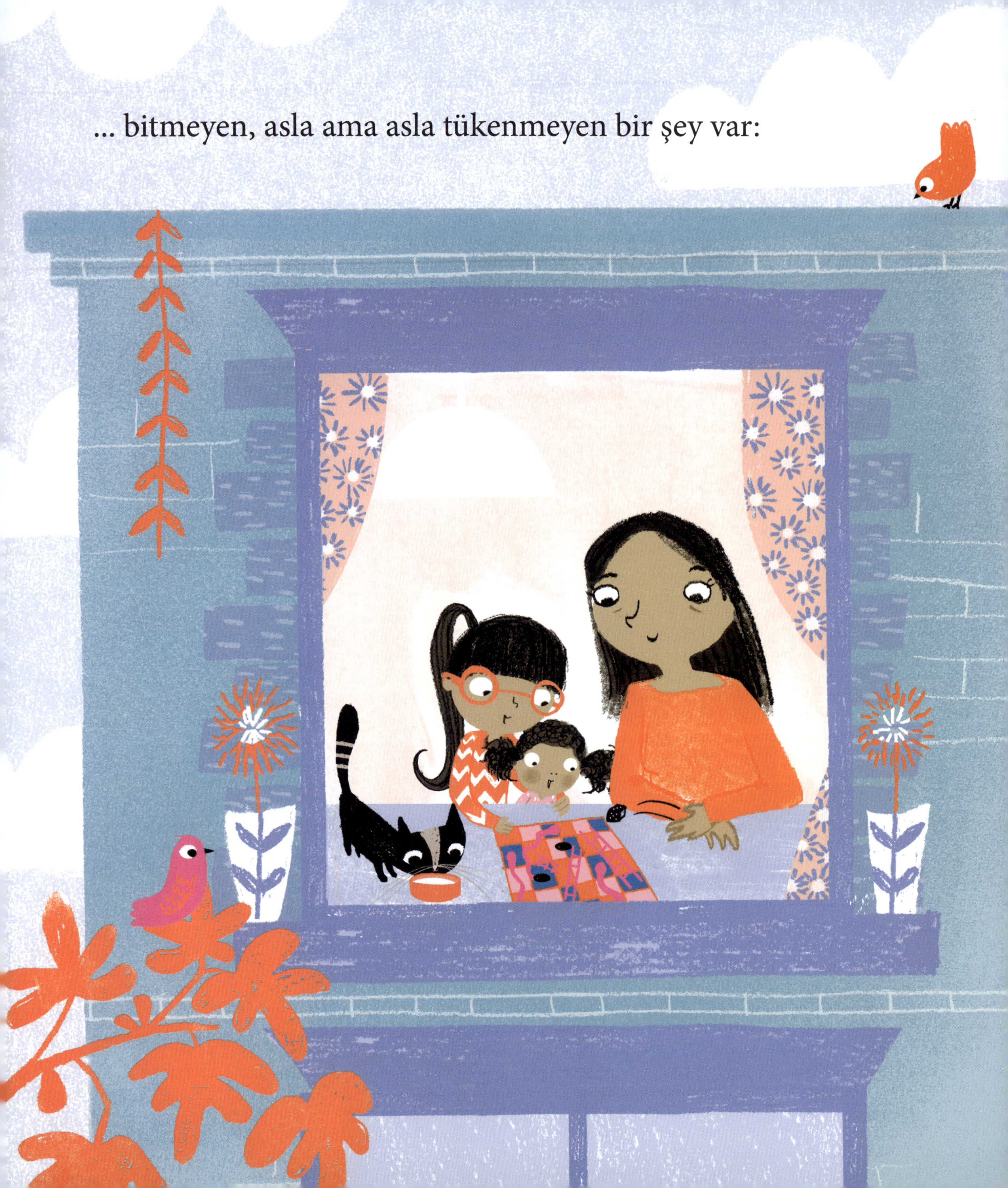

SEVGİ hiç ama hiç bitmez.

Sevgi bir şişede
ya da kavanozda
saklanmaz. Çünkü...

... sevgi öyle büyüktür ki
kalbinden başka hiçbir yere sığmaz.

Sevginin hiçbir zaman pili de bitmez.
Şarj etmene gerek yok!

Sevgi dünyalar kadar büyüktür.

Sevgi ölçüm kaplarıyla, bardaklarla ölçülmez.

İçindeki sevginin ne kadarını kullandığını,
ne kadarının kaldığını dert etmene gerek yok.

Çünkü sevgi kazanman gereken bir oyun ya da yarış değil.

Ne kadar sevgi verirsen

bir o kadarını geri alırsın.

Bir gün her şey bitip tükense bile...

... bitmeyen, hiç ama
hiç tükenmeyen...

... her zaman bulabileceğin bir şey var:

SEVGİ...